Bocadillos
mexicanos
de fiesta

A mi papá, quien me enseñó a perseguir mis sueños.

A mi mamá por su enorme amor e invaluable ayuda en este recorrido.

A mis hermanos y sobrinos Juan Manuel, Tete, Magdalena, Regina, Renata, David, Ana, María y Juan Manuel obligados conejillos de indias.

A Guillermo por su apoyo y cariño incondicionales.

A Ricardo por creer en mí.

A Leti por el cariño con el que hizo su impecable trabajo.

A Vicky y Jonathan por su ayuda en este proyecto.

Quienes forman parte de mi universo personal y saben lo que significan en mi vida, conocen mi agradecimiento.

Chef Guadalupe García de León

Bocadillos
mexicanos
de fiesta

LAROUSSE

DIRECCIÓN EDITORIAL
Tomás García Cerezo

EDITORA RESPONSABLE
Verónica Rico Mar

ASISTENTE EDITORIAL
Gustavo Romero Ramírez

FOTOGRAFÍA
Pablo Morales

ESTILISMO DE ALIMENTOS
Chef Leticia Alexander

FOTOGRAFÍA COMPLEMENTARIA
© 2007 JUPITERIMAGES, y sus cedentes de licencias. Todos los derechos reservados.
Federico Gil

DISEÑO
Mariano Lara, Ricardo Viesca

FORMACIÓN
Rossana Treviño

PORTADA
Ediciones Larousse, S. A. de C.V.,
con la colaboración de Pacto Publicidad, S.A. de C.V.

© 2008 Ediciones Larousse, S.A. de C.V.
Londres 247, Colonia Juárez, Delegación Cuauhtémoc, C.P. 06600, México, D.F.

ISBN 978-970-22-2210-1

Primera edición — 1ª reimpresión

Significado de los símbolos

costo: barato

          razonable

          caro

dificultad: muy fácil

          fácil

          difícil

c/s: cantidad suficiente

Todas las recetas rinden 6 porciones.

Esta obra se terminó de imprimir en abril de 2009
en Editorial Impresora Apolo, S.A. de C.V.
Centeno 150-6, Col. Granjas Esmeralda
C.P. 09810 México, D.F.

Presentación

Del maíz descendemos. Del maíz que se cultivó ancestralmente en una combinación de nutrientes y sabores que hoy invaden el mundo pero nunca nos abandonan. Oleada tras oleada, la conquista de los aromas de la cocina mexicana, siempre transformada, siempre entrañablemente la misma, no se detiene desde hace milenios.

Como un guerrero que atraviesa las filas del enemigo y regresa con buenas nuevas, nuestra cocina se ha paseado por el mundo y ha traído de regreso aromas, perfumes e ingredientes que sutil, casi insidiosamente, son conquistados por ella, dominados e incorporados al inventario nacional. Porque tradición no es inmovilidad. Es movimiento y cambio que mantienen una esencia, la alimentan y a su vez se nutren de ella. La tradición se impone, se mueve, viaja, avasalla con sus propios caprichos a invasores tan distantes como las pizzas y las hamburguesas, domándolos con una rajita de chile, una cucharadita de salsa. La tradición es audaz y está dispuesta a enfrentarse a lo nuevo, sabiendo que logrará darle un giro personal, hacerlo propio, parte de esa espiral siempre creciente con que nos seduce.

Este libro nace de esa idea: de que a partir del estudio amoroso y, debo decirlo, profundo, de las fuentes mismas de nuestra gastronomía, es posible, con total respeto por ella, gestar pequeñas nuevas maneras de presentarla. Todas las recetas de este libro tienen un origen o una técnica aprendida de alguien. Todas son una reinterpretación propia de la cocina mexicana. No me queda más que echarle el aliento a este gozoso fruto de mi trabajo para que sea valiente y, sin temor, se enfrente al mundo.

Chef Guadalupe García de León del Paso

Sumario

Bocadillos fríos

Calabazas criollas con queso de cabra

Ingredientes

Pico de gallo

½ betabel pelado y cortado en cubos
    muy chicos

1 cucharada de vinagre

½ cebolla cortada en cubos muy chicos

1 chile verde sin rabo, semillas ni venas,
    picado finamente

½ jitomate guaje sin semillas, cortado
    en cubos chicos

1 cucharada de epazote picado (opcional)

sal al gusto

Calabazas

1 cucharada de aceite de maíz

4 calabacitas criollas chicas en rebanadas
    de 1 cm de grosor

180 g de queso de cabra fresco natural

sal y pimienta al gusto

Montaje

1 cucharadita de chile de árbol seco
    cortado en aros y frito

Procedimiento

Pico de gallo

- Cueza los cubos de betabel en agua con vinagre e inmediatamente sumerja en agua con hielos para detener la cocción. Reserve.

- Mezcle todos los ingredientes excepto el betabel y reserve.

Calabazas

- Unte el aceite por ambos lados de las rebanadas de calabacita y salpimiente. Áselas sobre la parrilla.

Montaje

- Para servir, agregue el betabel al pico de gallo y ponga un poco encima de cada rebanada de calabaza, junto con el epazote y una bolita de queso de cabra; decore con el chile de árbol.

El queso de cabra se comercializa en diferentes presentaciones.
Entre ellas se encuentran el natural, que es el más común,
y el que está revolcado en ceniza.

Brochetas de camarón con vinagreta de chile

Ingredientes

Vinagreta de chile

½ pimiento morrón de lata picado finamente en cubos

1 cucharada de cilantro picado

⅔ de taza de aceite de maíz

⅓ de taza de vinagre de manzana

1 chile verde, sin rabo, venas ni semillas, picado finamente

1 cucharada de miel de abeja

sal y pimienta al gusto

Brochetas de camarón

1 ℓ de agua

1 zanahoria pelada y troceada

1 tallo de apio troceado

⅓ de cebolla troceada

5 pimientas negras enteras

1 hoja de laurel

18 camarones medianos, pelados, limpios y lavados

1 cucharada de sal

Material específico

18 palillos para brocheta

Procedimiento

Vinagreta de chile

· Mezcle en un tazón todos los ingredientes y sazone al gusto.

Brochetas de camarón

· En una cacerola coloque todos los ingredientes excepto los camarones. Coloque sobre el fuego y cuando hierva agregue los camarones. Déjelos por 1 minuto, retire del fuego y resérvelos en el agua por 2 minutos más. Escúrralos y métalos directo al tazón de la vinagreta. Deje enfriar.

Montaje

· Ensarte un camarón en cada palillo para brocheta y sirva con la vinagreta.

Callos de almeja en aguachile de cítricos

Ingredientes

Callos de almeja

½ taza de jugo de limón

½ taza de jugo de naranja

⅓ de taza de jugo de mandarina

400 g de callos de almeja lavados

⅓ de cebolla morada cortada en cubos chicos

1 cucharada de chile guajillo picado

⅓ de taza de pepino italiano con cáscara, sin semillas, cortado en cubos chicos

sal y pimienta al gusto

Montaje

gajos de limón con cáscara

Material específico

6 vasos tequileros

Procedimiento

Callos de almeja

- Combine el jugo de los cítricos y salpimiente. Mezcle con los callos de almeja y marine por 30 minutos en refrigeración.
- Cuele los callos y reserve el líquido. Agregue la cebolla, el pepino, el chile y rectifique la sazón.

Montaje

- Sirva en vasos tequileros y ponga en cada uno un poco del líquido que reservó. Adorne con los gajos de limón.

El aguachile más tradicional es el que se realiza con camarón cortado en láminas finas, pero se puede realizar con otro tipo de mariscos.

Preparación: 10 min
Cocción: 30 min
Dificultad: 🍳
Costo: 🔺🔺

Pulpos en vinagreta de poblano

Ingredientes

Vinagreta de poblano

½ taza de aceite de maíz

¼ de taza de vinagre de manzana

½ cucharada de piloncillo rallado

½ chile poblano asado, desvenado, sin piel ni semillas, cortado en juliana

1 cucharadita de sal

Pulpos

½ kg de pulpo limpio

2 hojas de laurel

¼ de cebolla

4 pimientas negras

6 cebollas cambray sin rabo, cortadas en rodajas

1 cucharada de aceite

½ taza de papaya maradol, madura, cortada en cubos chicos

sal al gusto

Montaje

½ taza de cilantro picado finamente

18 cuadros de papaya de 3 cm por lado aproximadamente

ajonjolí negro o blanco, o amaranto garapiñado

Material específico

olla de presión

18 cucharas para bocadillos

Procedimiento

Vinagreta de poblano

- Mezcle el aceite, el vinagre, el piloncillo y la sal. Agregue el chile poblano en juliana y los cubos de papaya. Rectifique la sazón y reserve.

Pulpos

- Cueza el pulpo en una olla de presión con agua, las hojas de laurel, la cebolla, la pimienta negra y la sal por 30 minutos. Ya cocido, pele el pulpo y rebánelo aún caliente; mezcle con la vinagreta.

- Sofría la cebolla cambray en el aceite y reserve.

Montaje

- Para servir, coloque el pulpo sobre la papaya cortada en cuadros; añada el cilantro, la cebolla cambray y la vinagreta. Espolvoree ajonjolí o amaranto garapiñado.

Preparación: 10 min
Cocción: 10 min
Dificultad:
Costo:

Totopos de langosta

Ingredientes

Sofrito

2 cucharadas de aceite de oliva

3 cucharadas de cebolla picada finamente

1 diente de ajo pelado y picado finamente

3 cucharadas de jitomate guaje picado finamente

1 chile serrano o chilaca sin rabo, semillas ni venas, picado finamente

1 cucharadita de jugo de limón

2 cucharadas de perejil picado

1 pizca de orégano

sal y pimienta al gusto

Mayonesa de cúrcuma

¼ de taza de mayonesa

2 cucharaditas de cúrcuma en polvo

1 pizca de sal

Montaje

18 totopos triangulares de tortilla de harina, horneados

1 taza de frijoles bayos refritos

300 g de carne de langosta cocida, en rebanadas

18 hojas de orégano fresco

sal al gusto

Procedimiento

Sofrito

· Caliente el aceite de oliva y fría la cebolla, el ajo, el jitomate y el chile. Vierta el resto de los ingredientes, salpimiente y deje sobre el fuego hasta que todo esté cocido.

Mayonesa de cúrcuma

· Mezcle la mayonesa con la cúrcuma y la sal.

Montaje

· Para servir, unte un poco de frijoles sobre cada totopo de tortilla, después ponga un poco del sofrito, un trozo de langosta, sal y decore con la mayonesa de cúrcuma y una hoja de orégano.

Cebiche de pescado y morita

Ingredientes

Marinada

4 cucharadas de jugo de naranja

1 cucharada de aceite de maíz

2 cucharadas de cilantro picado

3 cucharadas de cebolla morada picada finamente

1 cucharada de chile morita sin rabo, venas ni semillas, frito en juliana

sal al gusto

Cebiche de pescado

200 g de esmedregal cortado en cubos

2 tazas de agua

1 hoja de laurel

3 pimientas gordas

3 pimientas negras

3 clavos

1 diente de ajo pelado

¼ de cebolla morada fileteada

1 tomate verde crudo picado finamente

½ mango Manila maduro pero firme, sin semilla ni piel, picado finamente

1 cucharada de sal

Montaje

hojas de cilantro frescas

1 chile morita sin rabo, semillas ni venas, cortado en tiras

Material específico

18 recipientes pequeños

Procedimiento

Marinada

· Mezcle todos los ingredientes y refrigere.

Cebiche de pescado

· Blanquee el pescado en el agua con la hoja de laurel, las pimientas, los clavos, el ajo, la cebolla y la sal. Retire del fuego y pase el pescado sin líquido a la marinada; refrigere por 1 hora.

Montaje

· Justo antes de servir añada el tomate y el mango. Ajuste la sazón, sirva y decore con las hojas de cilantro y el chile morita. Puede acompañar con totopos.

Cubos de atún con costra de especias

Preparación: 5 min
Cocción: 4 min
Dificultad: 🍳
Costo: 🛎 🛎

Ingredientes

Cubos de atún

750 g de filete de atún fresco, cortado en tiras de 4 cm de ancho

3 cucharadas de semillas de cilantro

1 cucharada de semillas de comino

1 cucharada de semillas de cardamomo

1 cucharadita de pimienta negra entera

1 pizca de clavo

sal al gusto

Salsa verde

300 g de tomate verde

½ taza de cilantro

sal al gusto

Material específico

18 palillos

molino de café o mortero

Procedimiento

Cubos de atún

· En un molino de café o mortero muela las especias con sal. Empanice las tiras de atún en esta mezcla y selle en la plancha por los cuatro lados a temperatura alta. Deje enfriar, corte las tiras en cubos regulares.

Salsa verde

· Licue todos los ingredientes y rectifique la sazón.

Montaje

· Sirva cada cubo con un palillo. Acompañe con la salsa verde.

Preparación: 20 min
Cocción: 10 min
Dificultad: 🍳
Costo: ♨ ♨ ♨

Tostadas de escamoles

Ingredientes

Escamoles

3 cucharadas de mantequilla

½ cucharada de aceite de maíz

½ taza de cebolla morada picada
finamente

¾ de taza de escamoles

las hojas de ¼ de manojo de epazote
picadas finamente

sal al gusto

Guacamole

1 aguacate maduro pero firme, sin cáscara
ni semilla, cortado en cubos
medianos

1 chile verde sin rabo, semillas ni venas,
picado finamente

1 cucharadita de jugo de limón

sal al gusto

Montaje

18 tostadas de tortilla de 5 cm de diámetro
aproximadamente

chile cristal anaranjado cortado en juliana

Procedimiento

Escamoles

- Caliente la mantequilla con el aceite y saltee la cebolla. Añada los escamoles y sofríalos. Agregue el epazote, cueza por 1 minuto y rectifique la sazón. Retire del fuego y reserve.

Guacamole

- Mezcle el aguacate y el chile verde; añada el jugo de limón y sazone. Reserve.

Montaje

- Para servir, unte un poco del guacamole en las tostadas, ponga encima los escamoles y decore con el chile cristal.

*Recuerde que los escamoles son muy delicados. Al cocinarlos,
mezcle con movimientos envolventes.*

Preparación: 10 min
Cocción: 5 min
Dificultad: 🍳
Costo: 🔺🔺

Canoas de nopal y chapulines

Ingredientes

3 nopales medianos, asados

1 cucharada de aceite de maíz

1 cucharada de cebolla picada finamente

1 chile jalapeño rojo, sin rabo, semillas ni venas, cortado en cubos chicos

1 taza de chapulines chicos

1 rebanada de piña cristalizada cortada en cubos chicos

1 rebanada de papaya cristalizada cortada en cubos chicos

1 manojo de rabos de cebolla cambray blanqueados en agua con sal, cortados en tiras

sal al gusto

Procedimiento

· Corte los nopales en óvalos de 4 centímetros de largo.

· Caliente el aceite y saltee la cebolla y el chile. Agregue los chapulines y la sal, cueza por 3 minutos y retire del fuego. Incorpore la piña y la papaya cristalizadas.

· Amarre los nopales con los rabos de cebolla cambray para simular unas canoas. Rellene y sirva.

Sopa de aguacate al té limón

Ingredientes

Sopa de aguacate al té limón

600 ml de agua

1 cucharada de caldo de vegetales
    o de pollo en polvo

3 tallos de té limón

2 cucharadas de mantequilla

1 cucharadita de aceite de maíz

3 cebollas cambray cortadas en rodajas

1 diente de ajo pelado y machacado

1 cucharada de harina

2 aguacates maduros sin cáscara y sin
    semilla, troceados

3 cucharadas de jugo de limón

1 cucharadita de ralladura de limón

150 ml de leche

150 ml de crema para batir

sal y pimienta al gusto

Montaje

queso canasto cortado en cubos muy
    pequeños

rebanadas delgadas de jitomate uva

rebanadas delgadas de aguacate criollo

Material específico

6 platos individuales

Procedimiento

Sopa de aguacate al té limón

- Hierva el agua y agregue el caldo de vegetales con los tallos de té limón previamente golpeados con el canto de un cuchillo. Deje sobre el fuego por 3 minutos, enfríe y cuele.

- Sofría en la mantequilla con aceite la cebolla y el ajo. Añada la harina, dore y agregue el caldo de vegetales; cocine a fuego bajo.

- Agregue los aguacates, el jugo y la ralladura de limón; salpimiente. Tape y cocine por 10 minutos; entibie y licue.

- Vierta la mezcla en un tazón e incorpore la leche y la crema; rectifique la sazón y refrigere tapada.

Montaje

- Sirva la sopa en platos individuales, decore con el queso y las rebanadas de jitomate y aguacate.

Esta sopa la puede servir fría o caliente (cuide que no hierva).

Quesillos en escabeche de chile pasilla de Oaxaca

Ingredientes

18 quesillos de Oaxaca miniatura

Escabeche

1 cucharada de aceite de oliva

2 dientes de ajo pelados y fileteados

1 chile pasilla de Oaxaca, sin rabo, semillas ni venas, asado y fileteado

2 chiles guajillo sin rabos, semillas ni venas, asados y fileteados

½ taza de aceite de oliva

⅓ de cebolla fileteada

⅓ de taza de vinagre de manzana

2 cucharaditas de orégano seco

1 cucharadita de piloncillo rallado

3 pimientas gordas asadas

sal al gusto

Montaje

hojas de orégano fresco

Procedimiento

Escabeche

- Caliente el aceite y fría el ajo. Baje el fuego y agregue los chiles, cocine por 5 minutos y deje reposar hasta que el aceite tenga color.

Quesillos

- Mezcle el resto de los ingredientes del escabeche y agregue los quesillos. Enfríe y después refrigere por lo menos 4 horas.

- Sáquelos del refrigerador 2 horas antes de servirlos.

Montaje

- Parta cada quesillo a la mitad y adorne cada uno con una hoja de orégano y el escabeche.

Tostadas de salpicón al aceite de aguacate

Ingredientes

Salpicón

½ kg de falda de res cortada en cubos de 5 cm

1 cebolla fileteada

5 ramas de cilantro

4 dientes de ajo pelados y picados finamente

3 cucharadas de manteca de cerdo

⅔ de taza de cebolla picada finamente

3 jitomates guaje sin piel ni semillas, cortados en cubos chicos

2 chiles jalapeños en escabeche picados finamente

½ taza de cilantro picado finamente

sal al gusto

Aceite de aguacate

100 ml de aceite de aguacate

2 hojas de aguacate

Montaje

18 tostadas horneadas en cuadros de 5 cm

1 taza de lechuga orejona fileteada

2 cucharadas de zanahoria en escabeche picada finamente

100 g de queso fresco

Procedimiento

Salpicón

- Cueza en una olla de presión la carne con la cebolla, el cilantro, 3 dientes de ajo picados y la sal. Deje enfriar y deshebre finamente. Reserve una taza del caldo de cocción.

- Caliente la manteca y acitrone la cebolla y 1 diente de ajo picado. Agregue la carne, la taza de caldo que reservó y deje sobre el fuego hasta que el líquido se evapore; rectifique la sazón, retire del fuego y deje enfriar. Añada el resto de los ingredientes y rectifique la sazón nuevamente.

Aceite de aguacate

- Tueste las hojas de aguacate y caliente el aceite de aguacate sin que humee. Mezcle ambos ingredientes e infusione; deje enfriar.

Montaje

- Sirva el salpicón sobre cada tostada, vierta encima un poco de aceite de aguacate y decore con la lechuga, la zanahoria y el queso.

Preparación: 25 min
Cocción: 30 min
Dificultad: 🎩🎩🎩
Costo: 🔔🔔

Conos de picadillo y nogada

Ingredientes

Relleno de picadillo

1 cucharada de pasitas

50 g de fruta cristalizada cortada en cubos finos

30 ml de licor de naranja

2 cucharadas de aceite de oliva

1 cucharadita de ajo picado finamente

¼ de taza de cebolla picada finamente

¼ de taza de jitomate guaje molido y colado

100 g de carne de res molida

50 g de carne de cerdo molida

1 chile poblano asado, pelado, sin rabo, semillas ni venas, cortado en cubos finos

¼ de taza de plátano macho pelado, cortado en cubos finos

¼ de taza de durazno criollo sin semilla, cortado en cubos finos

1 cucharada de almendras peladas y picadas

¼ de cucharadita de canela en polvo

1 pizca de clavo molido

1 pizca de tomillo seco

1 pizca de orégano seco

1 pizca de pimienta negra molida

1 cucharadita de sal

Nogada

3 nueces de Castilla frescas, peladas

15 g de almendras peladas

¼ de taza de crema para batir

30 g de queso de cabra fresco

30 g de queso crema untable

1 cucharada de jerez fino seco

2 cucharaditas de azúcar

1 cucharadita de sal

Conos

18 tortillas de harina chicas

aceite de maíz para freír

Montaje

½ taza de granos de granada

Procedimiento

Relleno de picadillo

· Macere las pasitas y la fruta cristalizada en el licor. Reserve.

· Caliente en un sartén el aceite de oliva y fría el ajo con la cebolla. Incorpore el jitomate y deje cocer. Agregue la carne y cocine hasta que todo el líquido se haya evaporado. Añada el resto de los ingredientes, cocine por 10 minutos, rectifique la sazón y deje enfriar.

Nogada

· Licue las nueces, las almendras y la crema.

· Agregue los quesos e incorpore el jerez con el azúcar y la sal poco a poco. Mezcle y reserve. No agregue más líquido.

Conos

· Corte las tortillas por la mitad y forme conos; sujételos con un palillo. Fría en abundante aceite, escurra y reserve.

Montaje

· Rellene los conos y sirva con la nogada. Adorne con los granos de granada.

Rombos de espinaca y chile ancho

Ingredientes

Hojaldre

300 g de pasta de hojaldre

harina para extender la pasta

1 yema batida ligeramente para barnizar

Espinacas

1 cucharada de mantequilla

3 manojos de espinacas

¼ de cebolla picada finamente

sal y pimienta al gusto

Perlas de queso de cabra

80 g de queso de cabra fresco

6 hojas de epazote picadas finamente

1 chile de árbol seco, sin rabo ni semillas, rebanado y frito

½ taza de nuez picada

Pasta de chile ancho

3 chiles ancho sin rabo, semillas ni venas, fritos

¼ de taza de puré de tomate

orégano al gusto

1 diente de ajo pelado

¼ de cebolla troceada

sal al gusto

Montaje

nueces fileteadas y tostadas

Procedimiento

Hojaldre

- Precaliente el horno a 220 °C.
- Sobre una superficie enharinada estire la pasta de hojaldre despegándola de la mesa para que no pierda la forma.
- Corte cuadros de 3.5 centímetros por lado. Haga un corte de ½ centímetro en dos lados del cuadro y doble hacia el lado contrario. Refrigere por 30 minutos.
- Barnice con la yema y hornee hasta que doren.

Espinacas

- Caliente la mantequilla ligeramente y saltee la cebolla; agregue las espinacas, la sal y la pimienta. Cueza por 3 minutos, retire del fuego y pique finamente.

Perlas de queso de cabra

- Mezcle todos los ingredientes y forme perlas. Reserve en refrigeración.

Pasta de chile ancho

- Remoje el chile ancho en agua hirviendo. Licue con el puré de tomate, el orégano, el ajo y la cebolla. Fría hasta que la mezcla hierva. Rectifique la sazón.

Montaje

- Rellene cada rombo con espinacas y el puré de chile ancho. Encima coloque una perla de queso de cabra y la nuez.

Bocadillos calientes

Preparación: 15 min
Cocción: 10 min
Dificultad: ♟♟
Costo: ⚖⚖

Atados de plátano macho con chilorio

Ingredientes

Atados de plátano macho

1 plátano macho grande, no muy maduro

aceite de maíz para freír

½ taza de chilorio

18 tiras de rabos de hoja de betabel blanqueados

½ taza de frijoles negros refritos

Montaje

1 chile serrano cortado en rodajas

Procedimiento

Atados de plátano macho

· Pele el plátano, córtelo a la mitad (o en tres partes si es muy grande) y rebánelo a lo largo. Corte rebanadas de 4 centímetros de largo. Fríalas en aceite muy caliente hasta que doren ligeramente.

· Encima de cada rebanada de plátano unte un poco de frijoles refritos; agregue chilorio; coloque encima otra rebanada de plátano y haga un moño alrededor del bocadillo con un rabo de hoja de betabel. Haga lo mismo con los ingredientes restantes.

Montaje

· Decore los atados con rodajas de chile serrano.

Atápakua de quelites

Ingredientes

Atápakua de quelites

½ taza de ejotes rebanados finamente

4 cucharadas de granos de elote tierno

1 chile guajillo sin rabo, venas ni semillas

1 chile ancho sin rabo, venas ni semillas

1 chile serrano sin rabo, venas ni semillas

1 jitomate guaje

1 diente de ajo pelado

1 rama de cilantro

1 rama de hierbabuena

1 ½ cucharadas de aceite vegetal

3 cucharadas de cebolla picada finamente

1 ½ ℓ de agua

150 g de verdolaga limpia y deshojada

sal al gusto

Montaje

18 brotes pequeños de verdolaga fresca

5 flores de calabaza cortadas finamente
en tiras

2 cucharadas de requesón desmoronado
(opcional)

Material específico

18 vasos tequileros

Procedimiento

Atápakua de quelites

- Cueza por separado los ejotes y los granos de elote en agua con abundante sal. Refrésquelos en agua helada, cuele y reserve.

- Ase los chiles, el jitomate y hiérvalos. Muélalos con el ajo, el cilantro y la hierbabuena. Caliente una cucharada de aceite y fría la salsa por un par de minutos.

- Sofría la cebolla en el aceite restante. Vierta la salsa, el agua, y hierva a fuego bajo hasta que esté cocida. En los últimos minutos añada los ejotes, los elotes y al final las verdolagas; sazone al gusto.

Montaje

- Sirva la atápakua en los vasos tequileros y decore con las ramas de verdolaga, la flor de calabaza y el requesón.

Pozole verde

Ingredientes

Pozole verde

1 ½ ℓ de agua

1 rama de epazote

2 dientes de ajo

120 g de espinazo de cerdo

150 g de pierna de cerdo

2 elotes tiernos desgranados

1 chile poblano asado, sin rabo, semillas ni venas, pelado

5 tomates verdes

sal al gusto

Infusión

1 cucharada de chile de árbol cortado en rodajas

1 cucharada de vinagre blanco

2 cucharadas de aceite de maíz

Guarnición

1 cucharada de col morada rebanada finamente

1 cucharada de cebolla picada finamente

orégano al gusto

1 rábano rebanado finamente

tostadas de maíz

gajos y rebanadas delgadas de limón para decorar

Procedimiento

Pozole verde

- Hierva en el agua con un poco de sal el epazote, el ajo y la carne. A media cocción agregue los granos de elote.

- Con un poco de caldo licue los chiles con los tomates. Mezcle con el caldo restante y ponga sobre el fuego por 30 minutos o hasta que todo esté cocido. Retire del fuego y deje enfriar la carne dentro del caldo. Posteriormente, córtela en cubos chicos.

Infusión

- Caliente el vinagre ligeramente y agregue el chile; deje enfriar y añada el aceite.

Montaje

- Sirva el pozole caliente con los cubos de carne y la guarnición. Agregue un poco de la infusión y decore con la col, los rábanos y el limón.

Puede acompañar con tostadas de maíz, gajos de limón
e infusión de chile por separado.
El pozole lo puede hacer con maíz cacahuacintle precocido.

Buñuelos de pescado

Ingredientes

Buñuelos de pescado

80 g de huachinango (o cualquier pescado de carne blanca y firme)

200 ml de agua

2 cucharadas de manteca de cerdo

⅓ de taza de harina

⅓ de taza de papa pelada, cocida y machacada

1 huevo

1 diente de ajo pelado

1 cucharada de perejil picado

1 cucharada de epazote picado

80 g de huachinango en cubos chicos, cocidos en agua con sal, pimienta y laurel

aceite de maíz para freír

sal y pimienta al gusto

Aderezo de chile manzano

½ taza de mayonesa

1 cucharada de cebolla morada cortada finamente en cubos

1 cucharada de chile manzano cortado finamente en cubos

½ cucharada de perejil picado

sal y pimienta al gusto

Material específico

sacabocados chico

Procedimiento

Buñuelos de pescado

- Cueza el pescado en el agua con un poco de sal y desmenuce. Reserve el agua de cocción.
- Caliente el agua de cocción con la manteca de cerdo y al hervir añada la harina revolviendo bien para evitar que se hagan grumos.
- Incorpore el pescado y la papa; cuando tenga una mezcla homogénea y compacta, retire del fuego y agregue el huevo, mezcle muy bien. Añada el ajo, el perejil, el epazote y sazone con sal y pimienta.
- Con ayuda de un sacabocados chico forme bolas pequeñas con la masa poniendo un cubo de pescado en el centro de cada una.
- Fría los buñuelos en el aceite, escúrralos sobre papel absorbente y sirva de inmediato con el aderezo de chile manzano.

Aderezo de chile manzano

- Mezcle todos los ingredientes y sazone al gusto.

Dobladas de camarón estilo gobernador

Ingredientes

Dobladas de camarón

2 cucharadas de mantequilla

1 cucharada de aceite de maíz

400 g de camarones cocidos y picados

3 jitomates guaje picados sin piel ni semillas

½ cebolla picada

2 cucharadas de cilantro picado

300 g de queso Chihuahua rallado

18 tortillas taqueras

3 cucharadas de mantequilla fundida

sal y pimienta al gusto

Para servir

salsa de botella al gusto

gajos de limón para decorar

Procedimiento

· Caliente la mantequilla con el aceite y fría los camarones. Agregue el jitomate, la cebolla y deje sobre el fuego hasta que la mezcla se seque.

· Añada el cilantro y sazone.

· Rellene las tortillas con los camarones y el queso, doble a la mitad, barnícelas con la mantequilla fundida y caliéntelas en el comal.

Para servir

· Acompáñelas con la salsa de botella y los gajos de limón.

Tiras de pescado en gabardina

Ingredientes

Tiras de pescado

½ kg de filete blanco de Oriente cortado en tiras

¼ de taza de harina

2 huevos batidos ligeramente

c/s de empanizador de hojuelas de maíz

aceite de maíz para freír

orégano molido al gusto

sal al gusto

Salsa

200 g de tomates verdes

½ taza de cilantro troceado

2 chiles jalapeños sin rabos, venas ni semillas

sal al gusto

Procedimiento

Tiras de pescado

- Salpimiente las tiras de pescado y enharínelas; sacúdalas para retirar el exceso. Páselas por el huevo batido, escúrralas y empanice cada una con las hojuelas de maíz. Fría las tiras en aceite y aún calientes espolvoree con el orégano molido.

- Sirva las tiras con la salsa.

Salsa

- Licue los tomates, el cilantro, los chiles y la sal. Rectifique la sazón.

Preparación: 30 min + 1 h
Cocción: 35 min
Dificultad: 🍳🍳
Costo: 🔺🔺

Pambacitos de chorizo y papa

Ingredientes

Relleno de chorizo y papa

1 cucharada de manteca de cerdo

1 cebolla picada

½ kg de chorizo

3 papas peladas cocidas en agua con sal, cortadas en cubos chicos

2 chiles anchos sin rabo, semillas ni venas, remojados y licuados

3 chipotles adobados picados

sal al gusto

Pambazos

Siembra

65 ml de agua tibia

2.5 g de levadura

125 g de harina

Masa

75 ml de agua tibia

2.5 g de levadura

75 g de harina

siembra preparada

8 g de azúcar

2.5 g de sal

Montaje

4 hojas de lechuga orejona fileteada finamente

1 taza de queso añejo desmoronado (opcional)

Material específico

charola para hornear

Procedimiento

Relleno de chorizo y papa

- Caliente la manteca y acitrone la cebolla. Agregue el chorizo y cueza hasta que se suavice. Agregue las papas, los chiles, la sal y deje sobre el fuego hasta que todo el líquido se haya evaporado.

Pambazos

Siembra

- Mezcle el agua tibia con la levadura e incorpore la harina. Deje fermentar por 30 minutos.

Masa

- Mezcle el agua tibia y la levadura. Incorpore la harina, la siembra, la sal y el azúcar. Mezcle perfectamente y deje levar a temperatura ambiente hasta que doble su volumen (aproximadamente 1 hora).

- Precaliente el horno a 250 °C .

- Porcione y forme bolitas de 10 g cada una; acomódelas en una charola engrasada. Deje fermentar nuevamente y hornee hasta que doren ligeramente.

Montaje

- Corte los pambazos a la mitad sin abrirlos completamente. Rellene y decore con la lechuga y el queso añejo.

La receta de los pambazos rinde para 37 piezas de 10 g cada una.
Puede comprar los pambazos miniatura en los supermercados.

Preparación: 25 min + 2 h 15 min
Cocción: 1 h 20 min
Dificultad: ♟♟
Costo: ⚖⚖

Pastes

Ingredientes

Relleno

50 g de mantequilla

½ cebolla rebanada finamente

½ poro chico rebanado finamente

120 g de filete de res cortado en cubos chicos

120 g de papa pelada y cortada en cubos chicos

120 ml de caldo de res

1 cucharada de perejil picado

2 chiles serranos sin rabo, semillas ni venas, picados finamente

sal y pimienta al gusto

Masa

½ kg de harina de trigo

4 cucharaditas de sal

1 huevo

180 g de manteca de cerdo a temperatura ambiente

130 ml de cerveza

harina para extender la masa

leche y 1 huevo para barnizar

Material específico

cortador circular de 6 cm de diámetro

charola para hornear

Procedimiento

Relleno

- Fría en mantequilla la cebolla, el poro, el filete de res y la papa. Agregue el caldo, salpimiente y cueza a fuego bajo hasta que se seque. Agregue el perejil, el chile y deje enfriar.

Masa

- En un tazón cierna la harina con la sal. Agregue un huevo batido, la manteca y la cerveza; mezcle hasta formar una masa suave y homogénea. Deje reposar por 15 minutos.

- Extienda la masa con un rodillo sobre una superficie enharinada hasta tener ½ centímetro de grosor.

- Corte círculos, ponga un poco de relleno en el centro de cada uno y barnice las orillas con leche. Cierre los pastes repulgando el borde y colóquelos sobre una charola engrasada. Deje reposar por 2 horas. Media hora antes de cocerlos precaliente el horno a 200 °C.

- Barnice los pastes con la mezcla de leche y huevo y hornee hasta que doren.

Preparación: 30 min + 30 min
Cocción: 1 ½ h
Dificultad: 🧑‍🍳🧑‍🍳
Costo: ⚖⚖

Empanadas de mole

Ingredientes

Relleno

120 g de mole almendrado en pasta

300 ml de caldo de pollo

350 g de pechuga de pollo cocida
    y deshebrada finamente

50 g de pasas picadas

sal y pimienta al gusto

Empanadas

½ kg de pasta de hojaldre

1 yema

c/s de harina

c/s de azúcar

ajonjolí blanco tostado

Material específico

cortador circular de 6 cm de diámetro

charola para hornear

Procedimiento

Relleno

- En una olla diluya el mole en pasta con el caldo de pollo y cocine durante 45 minutos a fuego bajo moviendo de vez en cuando para que no se pegue. Salpimiente si es necesario.

- Añada el pollo y las pasas. Si la preparación resulta demasiado líquida deje sobre el fuego hasta secar casi completamente. Deje enfriar y reserve.

Empanadas

- Extienda la pasta de hojaldre sobre una superficie enharinada hasta obtener ½ centímetro de espesor. Con el cortador haga círculos y rellene las empanadas. Ciérrelas presionando las orillas con un tenedor; refrigere ½ hora.

- Precaliente el horno a 200 °C.

- En una charola engrasada y enharinada coloque las empanadas y barnícelas con la yema batida. Espolvoree sólo nueve empanadas con ajonjolí y hornéelas todas por 45 minutos o hasta que doren.

- Al sacarlas del horno y aún calientes, revuelque las que no tienen ajonjolí en suficiente azúcar.

Pan de elote y rajas

Ingredientes

Pan de elote

4 huevos

6 cucharadas de harina

1 cucharada de polvo para hornear

½ taza de mantequilla fundida

8 elotes crudos desgranados

1 lata de leche evaporada

mantequilla en aerosol para engrasar

1 cucharadita de sal

Salsa

5 jitomates guaje asados

1 diente de ajo pelado y asado

½ cebolla chica en cuarterones, asada

½ taza de agua

1 hoja de laurel

1 rama de tomillo

sal al gusto

Montaje

1 chile poblano asado, sin rabo, semillas ni venas, cortado en rajas finas

granos de elote

Material específico

refractario rectangular grande

Procedimiento

Pan de elote

- Precaliente el horno a 180 °C.

- Muela todos los ingredientes hasta formar una pasta espesa. Engrase el molde con la mantequilla en aerosol y vacíe la mezcla (no debe rebasar la mitad de altura del refractario). Cubra con papel encerado y hornee por 40 minutos aproximadamente. Deje enfriar.

Salsa

- Martaje los jitomates, el ajo y la cebolla con el agua. Cueza a fuego bajo con la hoja de laurel, el tomillo y la sal hasta que espese. Rectifique la sazón.

Montaje

- Corte con un molde circular pequeño porciones del pan de elote y decore encima con las rajas de poblano, la salsa y los granos de elote.

Tamales de chicharrón

Ingredientes

Tamales

1 ½ tazas de agua

½ cucharada de semillas de anís

200 g de chicharrón "de papel", sin cuadros de grasa

250 g de piloncillo rallado

½ kg de masa para tortillas

1 hoja de plátano asada, cortada en rectángulos de 20 x 15 cm

sal al gusto

Salsa de pasilla

1 diente de ajo pelado y sofrito

⅓ de cebolla sofrita

3 chiles pasilla sin rabos, semillas ni venas, fritos

sal al gusto

Montaje

150 g de quesillo de Oaxaca deshebrado

ramas de huauzontle blanqueado

Material específico

vaporera

Procedimiento

Tamales

- Caliente agua en una vaporera para cocer los tamales.
- Hierva el agua con el anís por 3 minutos y cuele.
- Muela el chicharrón y mezcle con el piloncillo rallado y la sal. Añada la masa y poco a poco el agua de anís tibia hasta formar una masa suave.
- Forme un cilindro de masa en un extremo de la hoja y cierre bien sin que pierda su forma (debe quedar la forma de un caramelo).
- Cocine los tamales en la vaporera hasta que se desprendan fácilmente de la hoja (45 minutos aproximadamente). Deje reposar.

Salsa de pasilla

- Muela todos los ingredientes, agregue un poco de agua de ser necesario y rectifique la sazón.

Montaje

- Corte cada tamal en diagonal y ponga encima un poco de salsa de pasilla, quesillo Oaxaca y ramas de huauzontle.

Chilapas de hongos yema

Ingredientes

Chilapas de hongos yema

1 cucharada de aceite de oliva

1 diente de ajo pelado y picado

4 cebollas cambray con tallo, picadas finamente

2 chiles jalapeños sin rabo, semillas ni venas, picados finamente

300 g de hongos yema picados

1 cucharada de epazote picado

18 chilapas chicas

sal y pimienta al gusto

Montaje

18 hojas chicas de epazote fritas en aceite de maíz

Procedimiento

Chilapas de hongos yema

- Caliente el aceite y saltee el ajo y la cebolla. Agregue el chile, los hongos, el epazote y salpimiente. Deje sobre el fuego hasta que todo el líquido se haya evaporado.

Montaje

- Rellene cada chilapa y decore con las hojas de epazote fritas.

Chiles jalapeños envueltos en hojaldre

Ingredientes

Relleno

2 cucharadas de aceite de oliva

½ cebolla picada finamente

2 dientes de ajo pelados y picados
finamente

2 jitomates guaje grandes, sin piel
ni semillas, cortados en cubos chicos

1 lata de atún en aceite

½ cucharadita de azúcar

1 hoja de laurel

⅛ de cucharadita de orégano

2 cucharadas de perejil picado

2 cucharadas de pasitas negras

1 cucharada de alcaparras enjuagadas
y picadas

2 cucharadas de aceitunas verdes picadas

sal al gusto

Chiles

9 chiles jalapeños sin rabos, semillas
ni venas (cuide que conserven
su forma)

¼ de piloncillo (50 g)

⅛ de taza de vinagre blanco

250 g de pasta hojaldre

1 yema

½ cucharada de sal

Salsa

2 chiles anchos sin rabo, venas ni semillas,
asados y remojados

el jugo de una naranja

2 ramas de tomillo

2 cucharaditas de piloncillo

⅓ de taza de vinagre

½ taza de crema ácida

Procedimiento

Relleno

- Caliente el aceite y sofría la cebolla y el ajo; agregue el jitomate y deje sobre el fuego por 15 minutos o hasta que se haya evaporado todo el líquido. Agregue el atún escurrido, el azúcar y la hoja de laurel.

- Cueza por 4 minutos e incorpore el resto de los ingredientes. Cocine a fuego bajo hasta que todos los sabores estén bien mezclados. Rectifique la sazón y deje enfriar.

Chiles

- Precaliente el horno a 210 °C.

- Desfleme los chiles hirviéndolos en agua con sal y refrésquelos inmediatamente en agua helada. Repita el proceso pasándolos en agua con piloncillo y después en agua con vinagre. Enfríe los chiles, séquelos y rellénelos.

- Extienda la pasta hojaldre y córtela en triángulos de forma que pueda envolver los chiles en ellos. Cubra cada chile con un triángulo de pasta, selle bien y barnícelos con la yema ligeramente batida y hornee hasta que doren.

Salsa

- Hierva y licue todos los ingredientes excepto la crema. Vierta la salsa sobre un sartén, añada la crema, mezcle, rectifique la sazón y deje enfriar.

Montaje

- Corte los chiles por mitad y acompañe con la salsa.

Preparación: 25 min
Cocción: 20 min
Dificultad: 😕😕😕
Costo: ⚖⚖

Indias vestidas con salsa de chile meco de Oaxaca

Ingredientes

Relleno

200 g de pechuga de pollo molida

1 chile poblano asado, sin rabo, semillas ni venas y cortado en cubos chicos

1 zanahoria pelada y cortada en cubos chicos

3 cucharadas de crema ácida

1 huevo

nuez moscada al gusto

sal y pimienta al gusto

Indias vestidas

18 flores de calabaza grandes, enteras, sin tallos

4 rabos de cebolla cambray cortados en tiras y hervidos o 18 cebollines

3 claras

3 yemas batidas ligeramente

¼ de taza de fécula de maíz

aceite de maíz para freír

½ cucharadita de sal

Salsa de chile meco de Oaxaca

¼ de cebolla

2 ajos medianos con piel

250 g de miltomates

3 chiles mecos sin rabos ni semillas, asados y remojados

sal al gusto

Procedimiento

Relleno

· Mezcle todos los ingredientes.

Indias vestidas

· Quite con mucho cuidado los estambres de las flores (parte interna) y rellene. Cierre por la parte superior cada flor con una tira de rabo de cebolla cambray cuidando que el relleno no sobresalga.

· Caliente suficiente aceite para freír las flores.

· Bata las claras a punto de turrón; incorpore las yemas y bata nuevamente cuidando no eliminar el aire de la mezcla. Agregue la sal.

· Sostenga cada flor de la parte superior. Empanícelas con fécula de maíz y sacúdalas para retirar el exceso; la parte superior de la flor no debe cubrirse con la fécula. Páselas por el capeado introduciendo sólo la parte con fécula, y aún sosteniéndolas de la parte superior fríalas en el aceite hasta que doren ligeramente. Cerciórese de que no quede crudo el relleno. Escurra sobre papel absorbente.

Salsa de chile meco de Oaxaca

· Ase los ajos, la cebolla y los miltomates. Retire la piel de los ajos y muela todo; agregue sal.

Montaje

· Sirva las indias vestidas acompañadas de la salsa de chile meco de Oaxaca.

Papas rellenas de chile pasado y queso menonita

Ingredientes

Papas

18 papas cambray medianas, cocidas en agua con sal

200 g de queso Chihuahua menonita rallado

Relleno

50 g de chiles pasados de Chihuahua

2 cucharadas de aceite de maíz

⅓ de cebolla fileteada

1 diente de ajo

sal y pimienta al gusto

Montaje

hojas de cilantro fritas

Procedimiento

Papas

- Corte una rebanada de la parte superior de las papas y haga otra más pequeña en el extremo inferior para que sirva de base. Con una cuchara extraiga el interior conservando su forma.

Relleno

- Limpie en seco los chiles pasados y remójelos en agua tibia con una pizca de sal por 20 minutos. Córtelos en tiras y reserve.

- Caliente el aceite y saltee la cebolla con el ajo. Agregue los chiles, sofría y rectifique la sazón (no debe quedar muy salado ya que se gratinará).

Montaje

- Rellene las papas con la mezcla de chiles y gratínelas con el queso. Ponga encima un poco más del relleno y decore con las hojas de cilantro.

Preparación: 20 min
Cocción: 30 min
Dificultad: 🍳🍳
Costo: 🔔🔔

Burritas de machaca

Ingredientes

Burritas

2 cucharadas de aceite de maíz o manteca
de cerdo

½ cebolla cortada en cubos chicos

2 chilacas asadas, sin rabos, semillas
ni venas, peladas y cortadas
en cubos chicos

½ kg de machaca

4 huevos batidos ligeramente

4 tortillas de harina con chipotle y
5 tortillas de harina con nopal

palillos

Salsa norteña

130 g de chile piquín sin rabos, semillas
ni venas

60 g de chile cascabel sin rabos, semillas
ni venas

30 g de chile chipotle sin rabos, semillas
ni venas

60 g de chile ancho sin rabos, semillas
ni venas

¼ de cucharada de pimienta

¼ de cucharada de comino

½ cucharada de orégano

½ cucharada de pimentón

2 dientes de ajo

1 cucharada de cebolla

1 taza de vinagre

1 cucharada de aceite de maíz

sal al gusto

Procedimiento

Burritas

- Caliente el aceite o la manteca en un sartén grande y sofría la cebolla, las chilacas y la machaca hasta dorar un poco. Agregue los huevos, mezcle y cueza. Deje enfriar.
- Corte las tortillas en cuadros y caliéntelos.
- Coloque una cucharada de machaca en un extremo del cuadro dejando 1 centímetro libre de cada borde; fije con un palillo.

Salsa norteña

- Remoje los chiles en agua caliente y muélalos con el resto de los ingredientes; cuele.
- Fría la mezcla en el aceite y retire del fuego cuando haya espesado.

Montaje

- Caliente las burritas al vapor, elimine los extremos y corte en rebanadas de 2 centímetros de grosor. Acompañe con la salsa norteña.

Preparación: 15 min + 4 h
Cocción: 45 min
Dificultad:
Costo:

Pollo en cuñete

Ingredientes

6 dientes de ajo

6 pimientas negras

2 cucharaditas de sal

8 filetes pequeños de pechuga de pollo

1 taza de aceite de oliva

½ taza de aceite de maíz

1 papa blanca pelada y cortada en cubos chicos

4 zanahorias peladas y cortadas en rodajas

½ taza de vinagre blanco

1 taza de vino blanco seco

3 dientes de ajo pelados y partidos por mitad

3 ramas de tomillo seco

3 ramas de mejorana seca

4 hojas de laurel

5 clavos

5 pimientas gordas

1 cucharada de sal

2 chiles jalapeños enteros verdes, sin rabo, semillas ni venas

2 chiles jalapeños enteros rojos, sin rabo, semillas ni venas

1 cebolla blanca fileteada

¼ de taza de almendras fileteadas, tostadas

¼ de taza de pasitas

Procedimiento

Pollo en cuñete

· Machaque en un mortero o molcajete los ajos, las pimientas y la sal hasta obtener un puré. Unte los filetes de pechugas y marine en refrigeración por 4 horas.

· Caliente ambos aceites en una cacerola y dore los filetes (cerciórese de que sólo se doren y que no se cuezan). Retírelos de la cacerola; en el mismo aceite haga lo mismo con las papas y después con las zanahorias.

· Retire el excedente de aceite de la cacerola y regrese el pollo, las papas y las zanahorias; añada agua, el vinagre, el vino, los ajos, todas las hierbas, las especias, la sal y hierva por 3 minutos a fuego alto. Tape la olla y cocine durante 15 minutos.

· Añada los chiles, la cebolla, las almendras y las pasitas; deje sobre el fuego por 15 minutos.

Montaje

· Corte los filetes de pechuga en cubos y sirva con los vegetales.

Filetes de cerdo en pipián

Ingredientes

Pipián

3 dientes de ajo pelados

½ cebolla mediana

4 chiles anchos sin rabos, semillas ni venas, remojados

½ kg de pepitas de calabaza sin sal, peladas y tostadas

¼ de cucharadita de comino asado

2 tazas de caldo de cerdo o res

sal al gusto

Filetes de cerdo

400 g de lomo de cerdo

2 dientes de ajo pelados, partidos por mitad a lo largo

½ taza de hoja santa seca triturada

1 cucharada de aceite de oliva

1 baguette en rebanadas, tostadas

sal y pimienta al gusto

Montaje

½ chilacayote cortado en tiras finas, blanqueadas en agua con sal

Procedimiento

Pipián

- Ase los ajos y la cebolla. Muela y cuele lo anterior con los chiles, las pepitas, el comino y el caldo dos veces. Cueza a fuego bajo hasta espesar, rectifique la sazón y mantenga por 5 minutos más cuidando que no se pegue.

Filetes de cerdo

- Precaliente el horno a 180 °C.
- Caliente el aceite en un sartén. Unte el lomo con el ajo y salpimiente. Cúbralo con la hoja santa triturada y selle por todos lados. Meta al horno por 15 minutos, saque, déjelo reposar durante 5 minutos y rebane finamente.

Montaje

- Coloque un poco de pipián sobre las rebanadas de baguette, después una rebanada de lomo y decore con más pipián y las tiras de chilacayote.

Postres y bebidas

Preparación: 25 min + 1 noche
Cocción: 1 ½ h
Dificultad: 👨‍🍳👨‍🍳
Costo: ⚖ ⚖

Merengues de mango y mamey

Ingredientes

Merengues

2 claras

6 cucharadas de azúcar

Montaje

3 cucharadas de chocolate amargo

1 mango Manila cortado en rebanadas delgadas

½ mamey sin cáscara ni semilla, cortado en rebanadas delgadas

frutas de agar-agar cortadas en rombos, círculos o triángulos

Material específico

charola para hornear

manga con duya lisa

Procedimiento

Merengues

· Precaliente el horno a 80 °C.

· Bata las claras a punto de turrón en batidora manual. Agregue el azúcar poco a poco y bata por unos minutos más.

· Vierta el merengue en una manga con duya lisa y forme pequeños discos sobre una charola con papel encerado o con un tapete de silicón. Haga en el borde de cada disco una espiral con merengue para que queden con la forma de canastas.

· Hornee los merengues hasta que estén secos, pero sin haber cambiado de color. Apague el horno y deje los merengues dentro hasta el día siguiente.

Montaje

· Derrita el chocolate en el microondas (40 segundos aproximadamente) y unte un poco dentro de cada merengue. Disponga las rebanadas de mango y mamey en forma circular y sirva decorados con las rebanadas de frutas de agar-agar.

Mousse de sotol

Ingredientes

***Mousse* de sotol**

2 ½ cucharaditas de grenetina en polvo

1 ½ tazas de leche

¼ de taza de crema ácida

1 taza de azúcar glas

⅓ de taza de sotol

Decoración

50 g de aceitunas negras picadas
finamente

decoraciones de isomalt

color vegetal de su preferencia

Material específico

refractario con capacidad de 750 ml

Procedimiento

· Precaliente el horno a 80 °C.

· Hidrate la grenetina en una taza de leche. Reserve.

· Hierva el resto de la leche con la crema y el azúcar. Reserve.

· Caliente la grenetina hidratada en baño María, vierta el sotol y agregue poco a poco la leche con la crema y el azúcar, moviendo constantemente durante algunos minutos con el batidor para que no se formen grumos.

· Retire del fuego, cuele y vacíe en el refractario. Refrigere por lo menos 2 horas.

· Deshidrate las aceitunas en una charola con papel encerado dentro del horno; retírelas cuando estén completamente secas.

· Para servir corte en cubos pequeños el *mousse* y coloque encima las decoraciones de azúcar y las aceitunas.

El isomalt se compra en tiendas especializadas en repostería. Para utilizarlo, sólo caliéntelo en un sartén limpio, espere a que se funda, coloree según lo desee y trabájelo sobre una superficie engrasada. Este producto es un edulcorante hecho a base de azúcar. Con él se obtienen mejores resultados que con el azúcar normal al hacer decoraciones, ya que se trabaja más fácilmente y su color es translúcido.

Natilla de pimienta gorda

Ingredientes

Natilla de pimienta gorda

1 ½ tazas de crema para batir

10 pimientas gordas asadas

5 yemas

5 cucharadas de azúcar

azúcar para caramelizar

Palitos dulces

100 g de pasta de hojaldre

1 clara

figuras de azúcar de colores (chispas, estrellas, confeti, etc.)

Material específico

6 moldes individuales

cacerola de fondo grueso

soplete de cocina

Procedimiento

Natilla de pimienta gorda

· En una cacerola de fondo grueso caliente la crema a fuego lento hasta que hierva. Agregue las pimientas, retire del fuego y deje reposar.

· Bata las yemas con el azúcar hasta que se blanqueen. Añada la crema sin las pimientas gordas, regrese la mezcla a la cacerola y caliente a fuego bajo sin dejar de mover hasta que la natilla espese y cubra el dorso de una cuchara. No debe hervir.

· Vacíe la natilla en moldes individuales, cubra con plástico autoadherente y refrigere durante 2 horas por lo menos.

· Para servir, espolvoree azúcar sobre cada natilla y caramelice con un soplete de cocina.

Palitos dulces

· Precaliente el horno a 200 °C.

· Extienda sobre una superficie enharinada la pasta de hojaldre de un grosor muy delgado. Corte rectángulos de 10 cm de largo y píquelos con un tenedor.

· Hornee los palitos hasta que doren. Barnícelos con la clara y pegue las figuras de azúcar sobre toda la superficie. Deje secar.

Barcos de perón

Ingredientes

Perones

1 taza de agua

½ taza de azúcar

1 pieza de anís estrella

1 cucharadita de esencia de vainilla

½ kg de perón amarillo

1 cucharada de mantequilla

3 cucharadas de azúcar morena

Barcos

3 tazas de harina cernida

½ cucharadita de sal

45 g de mantequilla a temperatura ambiente

1 taza de leche tibia

harina para extender la masa

aceite de maíz para freír

azúcar y canela para espolvorear

Decoración

18 piñones garapiñados

Material específico

cortador ovalado de 7 cm de largo

Procedimiento

Perones

- Ponga sobre el fuego el agua con el azúcar, el anís y la esencia de vainilla.

- Pele los perones, descorazónelos y córtelos en cubos chicos. Blanquéelos en el agua hirviendo y escúrralos.

- Caliente la mantequilla y saltee los perones con el azúcar morena. Deje enfriar.

Barcos

- Amase la harina, la sal, la mantequilla y la leche hasta obtener una textura homogénea. Cubra con un paño húmedo y deje reposar por 1 hora.

- Caliente el aceite.

- Extienda la masa sobre una superficie enharinada y corte óvalos con el cortador.

- Fría los barcos hasta que se doren ligeramente; aún calientes, espolvoree con azúcar y canela.

- Para servir, coloque encima de cada barco un poco de los perones y decore con un piñón garapiñado.

Gelatina de flor de Jamaica con tropiezos de jícama

Ingredientes

3 sobres de grenetina (21 g)

½ taza de agua

1 taza de flor de Jamaica

3 cucharadas de jengibre fresco picado

4 tazas de agua hirviendo

⅓ de taza de agua fría

Decoración

½ taza de jícama en cubos chicos

3 cucharadas de hierbabuena fileteada

½ cucharadita de chile piquín en polvo

Material específico

6 moldes individuales

Procedimiento

- Hidrate la grenetina en la media taza de agua y disuélvala en el microondas o a baño María.

- Coloque la flor de Jamaica con el jengibre en el agua hirviendo y retire inmediatamente del fuego. Añada el agua fría y deje reposar por 15 minutos. Cuele.

- Agregue la grenetina disuelta y mezcle bien. Vierta la mezcla en los moldes y deje cuajar ligeramente. Ponga encima la jícama, la hierbabuena y refrigere hasta que cuajen totalmente.

- Al final espolvoree con un poco de chile piquín.

Huevos reales de la abuela

Ingredientes

Huevos reales

8 yemas

2 cucharaditas de polvo para hornear

aceite en aerosol sabor mantequilla

40 g de pasitas

Almíbar

400 g de azúcar

150 g de agua

2 cucharadas de jerez

Material específico

6 moldes individuales

papel aluminio

Procedimiento

Huevos reales

- Precaliente el horno a 130 °C.

- Bata las yemas a punto de listón y agregue el polvo para hornear. Engrase los moldes con aceite en aerosol.

- Vierta las yemas en los moldes, ponga en el centro de cada uno una pasita y cúbralos con papel aluminio. Hornee por 10 minutos (cuide no hornear en exceso) y enfríe.

Almíbar

- Caliente el azúcar y el agua hasta obtener un almíbar claro. Fuera del fuego, agregue el jerez. Vierta el almíbar sobre los huevos y sirva.

Ate a la hoja de higo y licor de chumiate

Ingredientes

1 taza de licor de chumiate de lima

200 g de ate de guayaba

1 hoja de higo sin la vena y cortada en tiras finas

4 tortillas de harina

aceite de maíz para freír

100 g de queso cotija en trozos chicos

½ taza de almendra rebanada y tostada (opcional)

decoraciones de isomalt (ver receta "*Mousse* de sotol", p. 80)

Material específico

cortadores de figuras

Procedimiento

- Hierva el licor de chumiate hasta reducirlo a ¾ de taza. Deje enfriar este jarabe.

- De los cortadores seleccionados, deberá tener dos con la misma figura, pero de diferentes tamaños. Corte el ate con los cortadores más pequeños y mézclelo con el jarabe de chumiate y la hoja de higo. Deje macerar por 1 hora.

- Corte las tortillas de harina con las mismas figuras con que cortó los ates pero más grandes que éstas, para que sirvan de base. Fríalas en aceite caliente y escúrralas en papel absorbente.

- Para servir, coloque encima de cada base de tortilla una figura de ate; ponga encima un poco de hoja de higo, jarabe y trozos de queso cotija.

Puede sustituir la tortilla por pasta filo.
El licor de chumiate es originario del estado de México y se elabora a base de frutas.

Chocolate de metate al tequila

Ingredientes

½ taza de leche

3 tablillas de chocolate de metate

½ taza de licor de cacao

1 taza de tequila

3 cucharadas de cocoa

3 cucharadas de jarabe de chocolate
(opcional)

1 lata de leche condensada

1 lata de leche evaporada

2 cucharaditas de canela en polvo

pimienta negra recién molida al gusto

hielo para la martinera

Material específico

6 copas martineras

Procedimiento

- Hierva la leche y diluya el chocolate de metate; deje entibiar. Cuele y licue con el resto de los ingredientes, excepto la canela y la pimienta.

- Pase el contenido a una martinera con hielo y agite muy bien.

- Sirva en copas para martini y espolvoree con la canela y la pimienta.

Puede poner cubos de hielo en cada copa martinera.

Margaritas de tuna

Ingredientes

Margaritas

1 taza de tequila blanco

13 tunas verdes peladas y refrigeradas

13 tunas rojas peladas y refrigeradas

1 taza de miel de maíz

2 cucharadas de jugo de limón

Para servir

hielo frapé

6 rebanadas de pitahayas de pulpa blanca

Procedimiento

• Licue la mitad de las cantidades de tequila, de la miel de maíz y del jugo de limón con las tunas verdes. Cuele y refrigere.

• Licue la otra mitad de los ingredientes con las tunas rojas. Cuele y refrigere.

• Para servir, coloque las margaritas en copas con el hielo frapé y decore con las rebanadas de pitahayas.

Sirva las margaritas de tuna roja de inmediato para que no cambie su consistencia.

Índice alfabético